DECLARATION
DV ROY

FAITES A MESSIEVRS
de la Court de Parlement.

Sur son voyage.

M. DC. XV.

DECLARATION
DV ROY.

FAICTE A MESSIEVRS
de la Court de Parlement.

Sur son voyage.

Os amez & feaux, deslors que nous prismes la resolution de faire nostre voyage de Guyenne pour l'accomplissement de nostre mariage, & de celuy de nostre tres-chere sœur. Novs fismes aussi estat d'estre assistez & accompagnez des Princes de nostre Sang, & de la

A ij

plus part des autres Princes & Offi-
ciers de noſtre Couronne: Comme
en vne occaſion des plus celebres
qui puiſſent arriuer durant noſtre
regne: Entre autres nous y conuiaſ-
mes verballement noſtre Couſin
le Prince de Condé, lequel nous
auoit touſiours faict eſperer de
nous donner ce contentement.
Neantmoins l'ayant veu depuis
quelques moys s'eſloigner de nous
aurions eſtimé à propos de nous
aſſeurer plus particulierement de
ſon intention ſur ce ſujeĉt pour cét
effeĉt nous luy en fiſmes parler par
noſtre Couſine la Conteſſe de Soiſ-
ſons: Et depuis par noſtre Couſin
le Duc de Neuers, & recognoiſſant
que par leur miniſtere nous n'en
pouuons auoir aucune aſſeuree re-
reſolution, & que meſmes il s'eſtoit
encores retiré plus loin que aupara-

üant. Nous enuoyaſmes vers luy
le ſieur de Villeroy pour le preſſer de
ſatisfaire à ce qui eſtoit en cela de
noſtre deſir, ou ſçauoir de luy meſ-
me les ſujets qui pouuoyent cauſer
ſon eſloignement. Surquoy ledit
ſieur de Villeroy s'eſtant rendu pres
de luy, & luy ayant fait inſtance de
noſtre part ſur ce ſuiet il luy auroit
dit que auparauant que ſe reſoudre
de s'approcher de nous, & nous ac-
cópagner audit voyage. Il deſiroit
que nous fiſſions pouruoir à la re-
formation de quelques deſordres
qui eſtoient dans l'eſtat. *Aſſauoir ſur
la tenuë de nos Conſeilliers & ſur les Re-
mõſtrãce: qui nous auoiét eſté par vous
faites, ſpeciallemẽt en ce qui eſtoit du fait
de la Iuſtice, auec quelques autres qui ſẽ-
bloyent toucher pluſtoſt ſon particulier
que le general.* Ce que nous ayant eſté
rapporté par ledit ſieur de Villeroy

à fon retour. Nous le renuoyafmes pour la feconde fois le trouuer auec nos intentions fur lefdicts poincts telles qu'il auoit tout fujet d'en demeurer bien contant, & les luy ayát ledit Sieur de Villeroy voulu repretéter il auroit entédu de luy ce dont nous l'auriós chargé , touchát la reformatió de nofdits Cófeils ce qu'il nous monftra approuuer, & pour le regar des autres poincts, il lu y declara qu'il ny pouuoit traicter fans en auoir conferé auec fes amis , & de faict il partit en mefme inftant de Clermont où il eftoit lors pour aller à ce qu'il luy difoit dit affembler & rencótrer fefdicts amis, ce que nous ayant derechef efté r'apporté par ledit Sieur de Villeroy & ayant apris que noftre dit Coufin fe deuoit trouuer peu de iours apres à Noyó ou à Coucy, & qu'il y auoit affigné

nos Cousins les Ducs de Longue-
uille, de Mayenne, Comte de S. Paul,
& Mareschal de Buillon, ne voulant
rien laisser en arrierre qui luy peust
donner suject au pretexte de retar-
der d'auantage son retour pres de
nous, & de nous accompagner en
vostre voyage. Nous aduisasmes de
enuoyer encores vers luy pour la 3.
fois ledit Sieur de Villeroy auec
charge & pouuoir plus ample sur ce
que pouuoit estre de son contentement, & pour luy donner tesmoignage de nos bonnes intentions &
de nostre bien-veillance en son en-
droit, & depuis qu'il fut party ayant
consideré combien le temps nous
pressoit pour nous acheminer en
nostredit voyage lequel nous auions
auparauāt resolu dés le 25. du mois
passé pour arriuer à Bordeaux au
commencement du prochains, &
iceluy differe pour dóner tant plus

de temps & de moyen à nostredit
Cousin de se disposer à nous venir
trouuer, voyant que nous ne pou-
uions plus remettre nostre departe-
mét pour nous rédre a Bordeaux dás
le 8. du mois de Septembre ou nous
auions assigné ceux qui se deuoient
trouuer pour ces ceremonies en
ayant, mesme donné aduis au Roy
d'Espagne, afin qu'en mesme temps
il disposast les affaires de son costé.
Nous nous resolusmes de partir de
ceste ville sans aucun retardement
le samedy premier iour du mois
d'Aoust prochain, dont nous auriós
estimé deuoir faire aduertir nostredit Cousin & les autres Princes &
Seigneurs qui estoient aupres de
luy pour cét effet, nous despeschas-
mes encores vers luy le Sieur de Pót-
chartrain auecque charge de ioin-
dre auec le Sieur de Villeroy pour
tous

to⁹ deux enſéble luy preſéter les lettres que nous luy eſcriuós ſur ce ſu-
iect luy dire que l'eſtat de mon affai-
re ne nous pouuoit permettre de
deſirer dauantage noſtreditvoyage,
le conuier derechef & luy faire inſtance de nous accompagner ainſi
que deuoit&nous l'auoit faict eſperer & de venir prendre pres de nous
& y tenir le rág qui eſt deu à ſa qua-
lité, & à ſa naiſſance,& que s'ilauoit
auſſrapporter quelque reffus ou di-
fficulté que nous la fit ſçauoir affin
que ſur cela nous peuſſions pouruoir à ce qui eſt de noſtre ſeruice.
Nous aurions donné charge auſ-
dicts Sieurs de Villeroy & de Pont-
Chartrain de faire les meſmes Offi-
ces à l'endroict de nos Couſins, les
Ducs de Longue-villes, de Mayenne, Conte de S. Paul, & Mareſchal
de Buillon: Mais au lieu de nous reſ-

moigner l'obligation qu'ils vous a-
uoient du foin que nous prenions
de les tenir aduertis de nos refolu-
tions & les appeller pour vous affi-
fter audit voyage, noftredit Coufin
le Prince de Códé nous a efcrit vne
lettre par laquelle il fe plaint de la
trop grande precipitation dót ñous
vfons pour noftredit partement, &
nous mande qu'il ne peut nous y accompagner qui auparauant nous
n'ayons pourueu aux propofitions
qu'il auoit faictes pour la reforma-
tion de nofdits Confeils, & fur les
Remonftrances que vous nous auez
faictes & autres particuliaritez que
nous tefmoignons affez qu'il n'a eu
autres deffein que deffoigner & remettre fi longs temps noftre partement pour noftredit voyage qu'il
vous en fift perdre la commodité
pour cefte annees & poffible effayer

de rompre le suiect d'iceluy, estât se-
condé en ceste mesme opinion de
ne nous accompagner audit voyage, par les Princes & Seigneurs susnommez du Conseil desquels il s'est
seruy pour nous faire ladite lettre,
& qui ont sur cela declaré ausdits
sieurs de Villeroy, & de Pontchar-
train auoir pareille intention,
lorsqu'elle leur en ont parlé de nostre part. En quoy nous nous som-
mes trouuez plus deceuz que nous
donnions à nostredit Cousin, & en-
tier contentemēt sur tous les poincts
qu'il auoit proposez audit sieur de
Villeroy, concernants le publicq.
Bien est il vray que nous auons esté
aduertis, que il auoit fait entendre
par aucuns de ses plus confidents
seruiteurs des aduantages qu'il de-
siroit pour son particulier. Comme
auoyent aussi faict aucuns des au-

B ij

tres susnommez, sur lesquels n'a-
yans receu la satisfaction qu'ils
pouuoient desirer, l'on peu croire
que cela a peu ayder au reffus qu'ils
ont fait de venir auec nous, mainte-
nãt que nous sómes sur nostre partement, & ne pouuant demeurer en
grãd ombrage, ialousie & defiãce sur
ledit reffus que nostredit Cousin &
autres Princes & Seigneurs ont faict
nous donner ce contentement que
nous attendions d'eux en vne occa-
sion si remarquable, & que comme
nostre desir & intentions il demeu-
rent de deça auec tesmoignage de
mescontentement nous auons estimé estre à propos de pouruoir à la
seureté de nos villes & places, & em-
pescher qu'il ny arriue aucun desor-
dre au preiudice de la paix & tranquilité publique, & a ceste fin nous
escriuions presentemét à nos Gou-

uerneurs & Lieutenant, generaux,
& autres qui ont charge dans nos
Prouinces, à ce qu'ils ayent à prédre
soigneusement garde que l'on ny
face aucune entreprise qu'ils puissét
apporter du trouble & de l'alteratió,
affin qu'estans aduertis de tout ce
que dessus, ils ayent à pouruoir à ce
qu'ils iugeront necessaire pour em-
pescher les desordres & mouuement
qui pourroient arriuer en l'estenduë
de leurs charges & qu'il luy soit fait
aucune leuee de gens de guerre sans
nos lettres & commandement expresse, & aussi qu'ils ayent a donner
ordre que les habitans des villes fa-
cent gardes aux portes pour obser-
uer ceux qui y irrót viédront & em-
peschét l'entree ausdicts Princes &
Seigneurs susnómez & aux autres qui
se sót aduouez & recogneus estre de
leur part si ce n'est auec lettre ou

passeport de nous prennét garde qui
eux ny autres, ne s'en puissent rendre
Maistres & troubler le repos desedits
habitans, ny les destourner de la fi-
delité & obeissances qu'ils nous
doiuent, vous ayant voulu aussi es-
crire & tenir aduerti de tout ce que
dessus, affin qu'en estans particulierement informez vous apportez
ce que dependra de vostre authori-
té pour maintenir nos sujects en
en leur deuoir & les faire viure en
bonne vnió & concorde les vns a-
uec les autres, sous l'obseruation de
nos Edits faicts pour la conseruatió
de la paix repos & tranquilité entre
tous nosdits sujets tant Catholiques
que de la Religion pretendue refu
formee, en sorte qu'il ne soit rien fait
ny entrepris au contraire d'iceux &
de nostre seruice pouruoiant exacte-
ment à faire punir & chastier les

contreuenans selon la rigueur de nosdits Esdicts comme est nostre intention qu'ils soient intierement gardez & obseruez, dont nous asseurant que vous en ferez tout deuoir de vostre part, nous ne vous en ferons cy plus expresse Ordonnance. Donné à Paris le trentiesme Iuillet mil six cens quinze, Signé I. O Y S, & plus bas de LOMENIE.

www.ingramcontent.com/pod-product-compliance
Lightning Source LLC
LaVergne TN
LVHW010249060726
842527LV00007B/2693